AF315365

COLLECTION DE M. X...

TABLEAUX

ANCIENS

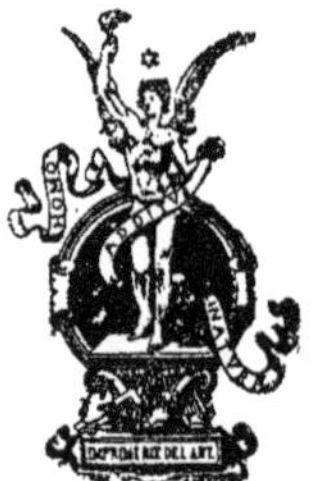

CATALOGUE

DE

Tableaux Anciens

DES

ÉCOLES ALLEMANDE, ANGLAISE, FLAMANDE,
FRANÇAISE, HOLLANDAISE, ITALIENNE

Œuvres de :

F. BOL., F. BOUCHER, CANALÉTTO, J. VAN CEULEN, L. CRANACH, A. CUYP,
F. GUARDI, D. HALS, M. KAGER, F. LEMOINE, J.-B. VAN LOO,
N. MAAS, M. MIEREVELT, F. MIERIS, F. POURBUS, J. RUYSDAEL, D. TENIERS,
TINTORET, J.-B. WEENIX, J. WYNANTS, ETC., ETC.

COMPOSANT LA COLLECTION DE M. X...

Et dont la vente aura lieu

HOTEL DROUOT, SALLES N°s 7 ET 8

Le Lundi 16 Mai 1904

A DEUX HEURES

COMMISSAIRE-PRISEUR	EXPERT
Me Paul CHEVALLIER	**M. Jules FÉRAL**
10, rue de la Grange-Batelière	54, faubourg Montmartre

EXPOSITIONS

PARTICULIÈRE : *Le Samedi 14 Mai 1904.* } DE UNE HEURE 1/2
PUBLIQUE : *Le Dimanche 15 Mai 1904.* } A CINQ HEURES 1/2

Entrée par la rue Grange-Batelière

CONDITIONS DE LA VENTE

Elle sera faite au comptant.

Les acquéreurs payeront DIX POUR CENT en sus des adjudications.

L'exposition mettant le public à même de se rendre compte de l'état et de la nature des objets, il ne sera admis aucune réclamation une fois l'adjudication prononcée.

Paris. — Imp. de l'Art, E. Moreau et Cⁱᵉ, 41, rue de la Victoire.

DÉSIGNATION

TABLEAUX ANCIENS

BAEN
(JEAN DE)
Haarlem, 1633-1702

1 — *Portrait d'un Officier.*

Debout, en armure; longue perruque tombant sur les épaules, la main droite appuyée sur son casque à panache rouge posé sur une table.
Cadre en bois sculpté.

Toile. Haut., 1 m. 43 cent.; larg., 1 m. 90 cent.

(Collection Raedt van Oldenbarnevelt, Amsterdam.)

BAKHUYSEN
(LUDOLF)
Emden, 1631-1708

2 — *Marine hollandaise.*

Au premier plan, des pêcheurs sur une rive; au large, des bateaux à voiles portant le pavillon hollandais.

Toile. Haut., 1 m. 6 cent.; larg., 1 m. 46 cent.

BERGEN
(DIRK VAN)
Haarlem, 1645-1689

3 — *L'Arrivée à la ferme.*

Un homme est monté sur une charrette chargée de tonneaux; une bergère est assise sur un ballot déposé à terre.

Deux bœufs et un cheval en liberté; d'autres animaux au repos devant un bâtiment rustique.

Signé du monogramme.

Toile. Haut., 49 cent.; larg., 63 cent.

BOL

(FERDINAND)
Dordrecht, 1611-1681

4 — *Portrait d'Homme.*

Les cheveux blonds bouclés, tombant sur un col blanc; coiffé d'une toque, en habit et manteau noirs, tenant des gants à la main droite; il est vu presque de face, à mi-jambes.

Dans le fond, un rideau rouge.

Signé à droite, en toutes lettres, et daté : *1658.*

Cadre en bois sculpté.

Toile. Haut., 1 m. 06 cent.; larg., 90 cent.

BOUCHER

(FRANÇOIS)
Paris, 1704-1770

5 — *Le Moulin à eau.*

Au premier plan, une paysanne en corsage rouge, jupe jaune, lave son linge. A gauche, des oies prennent leurs ébats dans le cours d'eau.

Au fond, un pont rustique.

Signé en toutes lettres.

Toile. Haut., 61 cent.; larg., 86 cent.

CANALETTO

(ANTOINE CANAL dit)

Venise, 1697-1768

6 — *La Piazzetta, à Venise.*

Des dames et des gentilshommes se promènent sur la place.
A gauche, le palais des Doges.
Dans le fond, un canal animé de gondoles et de bateaux à voiles.

Toile. Haut., 72 cent.; larg., 95 cent.

CEULEN

(JANSON VAN)

Amsterdam, 1590-1665

7 — *Portrait de M. Newdigate.*

Il est représenté dans un médaillon, la barbe en pointe sur une fraise
souple et pourpoint de soie noire.
Signé et daté : *1627.*

Bois. Haut., 77 cent.; larg., 62 cent.

(Collection Thomas Dawson de Bath.)

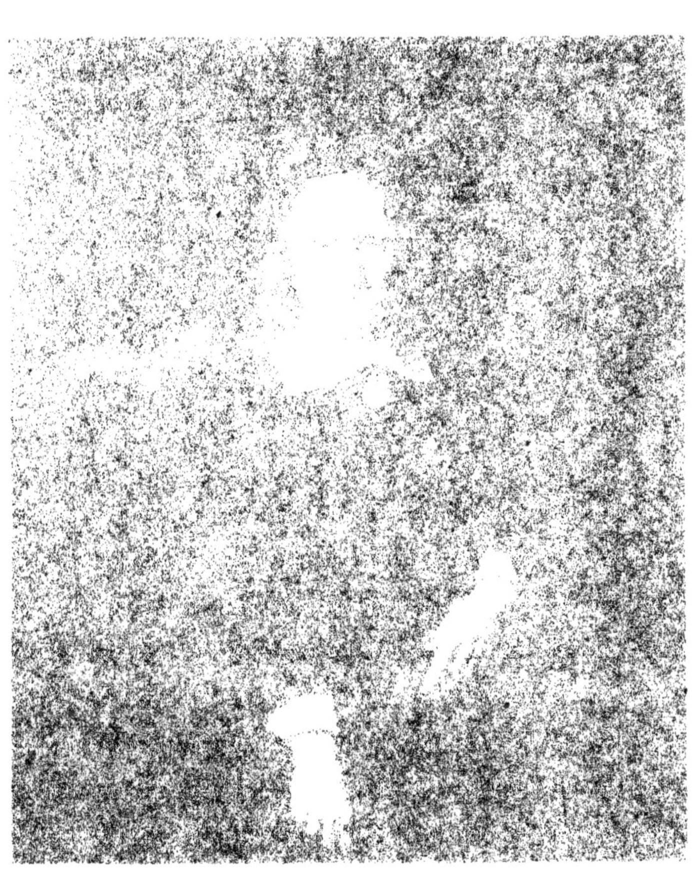

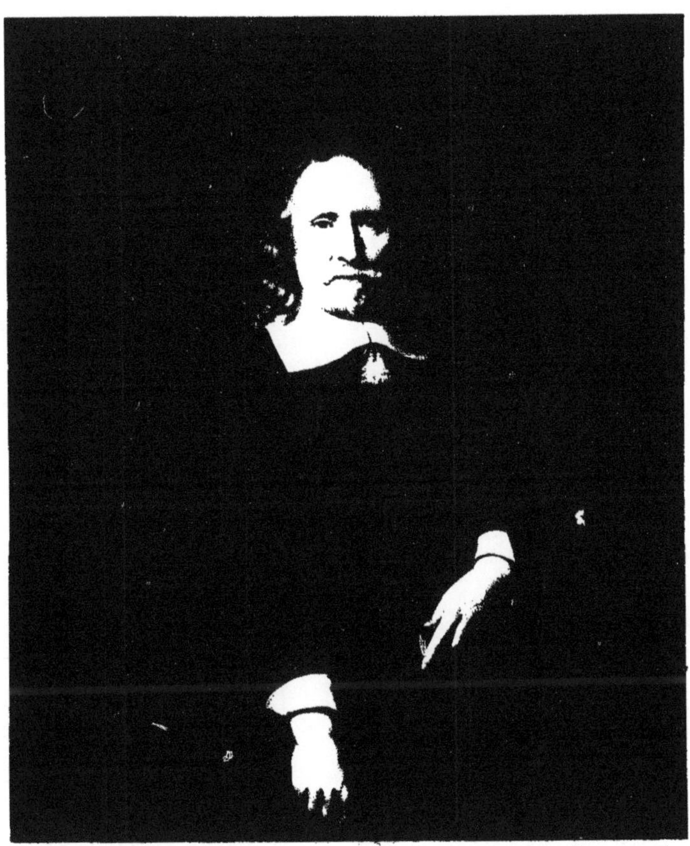

N.° 7

CHAMPAIGNE

(PHILIPPE DE)
Bruxelles, 1602-1674

8 — *Moïse tenant les tables de la Loi.*

« Le célèbre législateur des Hébreux est représenté à mi-corps, devant
« une table de pierre sur laquelle sont les Tables du Décalogue qu'il
« soutient de la main droite, ayant dans la gauche la baguette miracu-
« leuse. Sa figure offre les traits d'un vieillard vénérable à barbe blanche,
« dont la tête resplendit de quelques rayons. Il porte pour vêtement une
« espèce de dalmatique bleue, avec un éphod d'un tissu d'or, fixé sur les
« épaules par des pierres précieuses.

« Il suffit de dire, pour l'éloge de ce tableau, qu'Edelinck et Nanteuil
« s'unirent pour le graver, et que de leurs efforts naquit une des plus
« belles estampes que le burin ait produites. Cette pièce précieuse, si
« recherchée des amateurs, donne la plus juste idée du tableau, qui sort
« du *célèbre cabinet Praslin,* 1793. »

(Catalogue de la Galerie du cardinal Fesch, n° 42, 1845.)

La figure est de grandeur naturelle. La main étendue sur la balustrade
est superbe, comme savait les faire Philippe de Champaigne.

Toile. Haut., 92 cent.; larg., 74 cent.

(Collection du Dr Leroy d'Etiolles, 1861.)

CRANACH
(LUCAS)
Cranach, 1472-1553

9 — Portrait de l'Épouse de l'Électeur Jean-Frédéric de Saxe.

Elle est représentée à mi-corps, tournée de trois quarts à gauche, les cheveux serrés dans un bonnet, coiffée d'un grand chapeau rouge à plumes blanches, couverte d'un manteau à larges revers d'hermine, parée de bijoux et d'un grand collier d'or enrichi de perles.

Bois. Haut., 58 cent.; larg., 41 cent.

(Collection Buchner.)
(Collection Schoenlank.)

CUYP
(ALBERT)
Dordrecht, 1605-1691

10 — Portrait d'un Gentilhomme.

Debout, vu jusqu'aux genoux, une main appuyée sur le dossier d'une chaise, l'autre main tenant des gants, les cheveux longs et bouclés, il porte un pourpoint et un manteau noirs.
Première manière du peintre.

Bois. Haut., 1 m. 02 cent.; larg., 76 cent.

DELFF
(JACOB)
Delft, 1619-1661

11 — *Portrait de Jeune Femme.*

Les cheveux blonds et bouclés, ornés de rubans et d'une chaîne de perles ; elle porte un grand col blanc sur un corsage de velours noir.
Signé et daté : *1651.*

Toile. Haut., 70 cent.; larg., 59 cent.

DELFF
(JACOB)

12 — *Portrait de Femme.*

Les cheveux relevés sous une coiffe blanche ; elle porte une grande collerette sur un corsage noir.
On lit à droite, au-dessus de la signature : *Ætatis 3o.*
Anno 1664.

Bois. Haut., 67 cent.; larg., 36 cent.

ÉLIAS
(NICOLAS)
xvıı[e] siècle

(DEUX PENDANTS)

13 — *Portraits d'Homme et d'Enfant.*

Un gentilhomme, vêtu de noir, est assis dans un fauteuil, le bras droit accoudé sur une table couverte d'un tapis vert où l'on remarque une écritoire, un cachet et un carnet.

Debout, derrière la table, un jeune garçon aux cheveux blonds et grand col blanc sur un habit gris.

Sur le fond : *Ætatis 3o.*
Anno 163o.

Portrait de Femme.

Debout, près d'une table où elle a posé son livre d'heures, en bonnet blanc, large fraise à tuyautés, elle est vêtue d'une robe de satin noir damassé et galonné d'or.

Sur le fond : *Ætatis 3o.*
1631.

Bois. Haut., 99 cent.; larg., 76 cent.

GUARDI
(FRANCESCO)
Venise, 1702-1793

14 — *Le Grand Canal, à Venise.*

Animé de gondoles et de nombreux personnages sur les quais ensoleillés.

Toile. Haut., 63 cent.; larg., 78 cent.

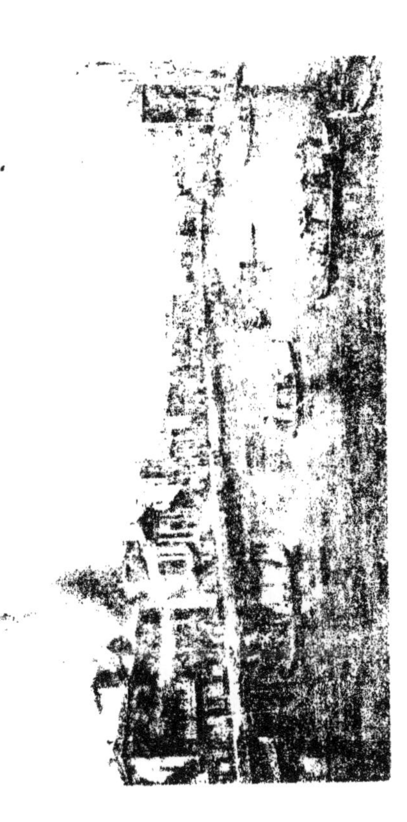

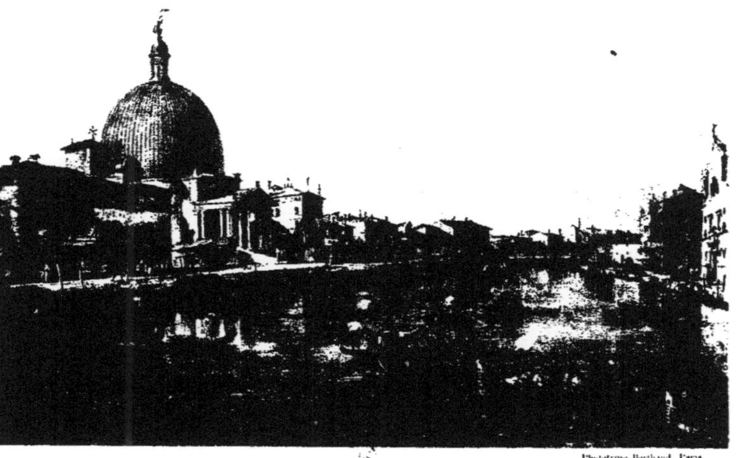

Phototypie Berthaud, Paris

N° 14

GUARDI
(FRANCESCO)

15 — *L'Obélisque.*

Il s'élève au bord de la mer. Trois personnages sont arrêtés à gauche et au premier plan.

Bois. Haut., 26 cent.; larg., 18 cent.

(Collection Georges de Monbrison.)

GUARDI
(FRANCESCO)

16 — *L'Aqueduc en ruines.*

On aperçoit au delà de ses arches pantelantes un pavillon de forme circulaire.

Toile. Haut., 23 cent.; larg., 17 cent.

HALS
(DIRK)
Malines, 1584-1666

17 — *La Joyeuse Compagnie.*

Autour d'une table de festin, des dames et des gentilhommes jouent de divers instruments, chantent ou s'entretiennent galamment.

Cuivre. Haut., 23 cent.; larg , 30 cent.

HANNEMAN
(ADRIEN)
La Haye, 1601-1669

18 — *Portrait d'une Dame de qualité.*

Les cheveux roux bouclés, ornés d'un diadème; robe noire, collerette de guipure et parure de perles.

Toile. Haut., 72 cent.; larg., 57 cent.

HUDSON
(THOMAS)
Devonshire, 1701-1779

19 — *Portrait de Jeune Fille.*

Elle est représentée dans un médaillon de pierre, vue jusqu'à la ceinture, les cheveux bruns relevés sur le front, en robe blanche décolletée, écharpe de satin jaune.

Toile. Haut., 74 cent.; larg., 61 cent.

HUCHTENBURG
(JAN VAN)
Haarlem, 1646-1733

20 — *Portrait présumé de l'Artiste.*

A mi-corps, de trois quarts à gauche, faisant un geste de la main droite; les cheveux bouclés et poudrés tombant sur les épaules.

Il porte un habit de soie gris, à revers bleus, ouvert sur un jabot blanc et un manteau de velours rouge drapé autour de lui.

Toile de forme ovale.

Haut., 86 cent.; larg., 69 cent.

(Ancienne Collection du prince Demidoff.)

(Collection Lanfranconi, Cologne.)

KAGER

(MATHIAS)

Munich, 1566-1634

21 — *Portrait d'une Dame.*

Elle est représentée debout, vue à mi-jambes, tournée vers la gauche, en robe de velours noir broché, coiffe de même couleur posée sur un bonnet blanc, une fraise autour du cou. De la main droite, elle tient son livre d'heures appuyé à la ceinture où s'attachent une châtelaine et un poignard de riche orfèvrerie. Des chaines d'or, soutenant des médailles, pendent sur le corsage. Les mains fines sont ornées de bagues. Aux poignets, des bracelets, dont l'un présente sur un chaton les armoiries de son époux.

A droite, des armes; à gauche, sur le pilier d'une colonnade drapée de rideaux rouges, jaunes ou bleus, on lit :

Aetatis suæ XXXXXI, et la date *1615*, au-dessus du mono-gramme M K.

Intéressant portrait, d'une exécution savante et d'un superbe caractère.

Bois. Haut., 1 mètre; larg., 80 cent.

(Vente du comte Mniszech.)

LE MOINE

(FRANÇOIS)

Paris, 1688-1737

22 — *Hercule et Omphale.*

Fond de paysage.
Toile de forme ovale.
Cadre en bois sculpté.

Haut., 1 m, 10 cent.; larg., 86 cent.

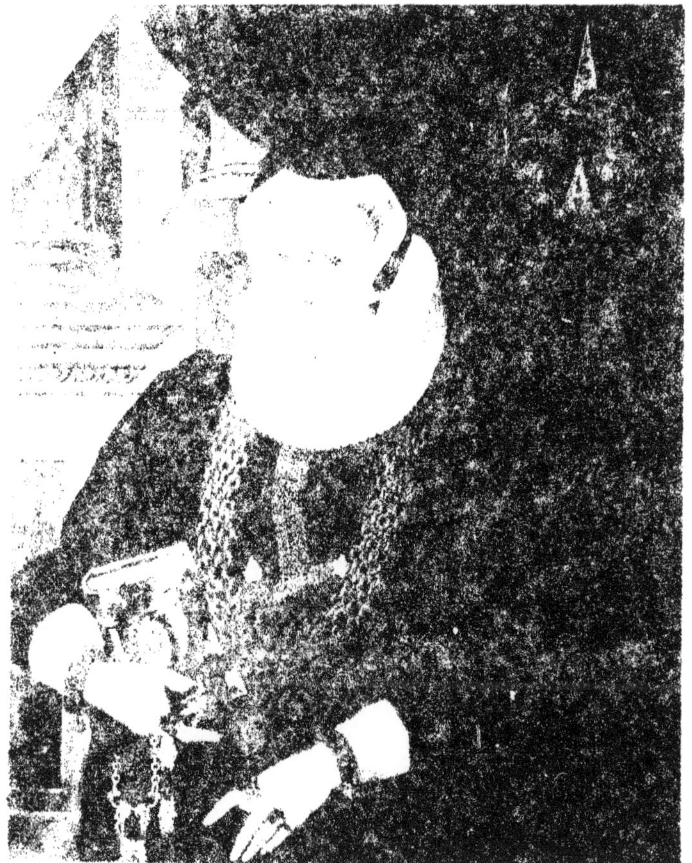

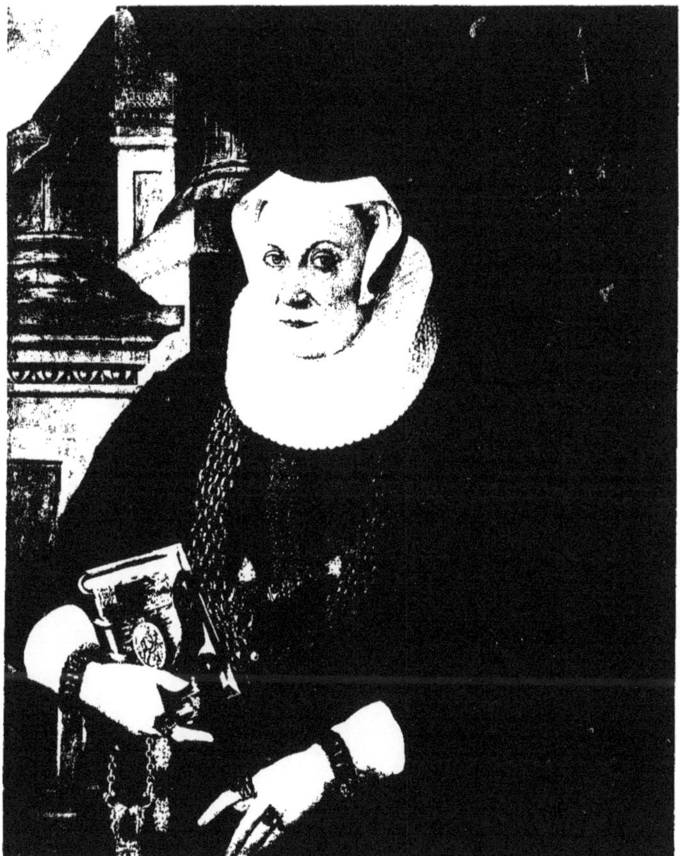

No. 21

LINGELBACH
(JOHANNES)
Francfort-sur-le-Mein, 1625-1687

23 — *Campement militaire.*

A gauche, devant une tente, un officier assis lit une lettre.

Un étendard, un tambourin et des armures sont réunis, au premier plan, près d'un groupe de femmes et de militaires.

Signé et daté *1667*.

Toile. Haut., 79 cent.; larg., 1 m. 11 cent.

(Collection du marquis d'Hastings.)

LIVENS
(JAN)
Leyde, 1607-1663

24 — *Portrait d'un Pope.*

Les cheveux longs, la barbe blanche, il est coiffé d'une toque vert sombre et porte, sur une robe de même couleur, une chaîne d'or avec une croix et un manteau à revers de fourrure.

Toile. Haut., 72 cent.; larg., 56 cent.

LOO

(JEAN-BAPTISTE VAN)

Aix, 1684-1745

25 — *Portrait d'une Dame et de sa Fille.*

> Elles sont représentées à mi-corps, assises; la mère tenant par la main
> sa fille vêtue d'une ample robe bleue.
> Cadre en bois sculpté.

> Toile. Haut., 89 cent.; larg., 69 cent.

LOO

(JEAN-BAPTISTE VAN)

26 — *Intérieur villageois.*

> Une jeune mère est assise à gauche, cousant près d'un berceau où est
> couché le dernier né que ses grandes sœurs amusent.

> Bois. Haut., 56 cent.; larg., 44 cent.

MAES

(NICOLAS)

Dordrecht, 1632-1693

27 — *Portrait d'une Dame.*

Représentée dans un paysage, assise et accoudée sur un tertre, en robe de satin bleu décolletée et écharpe de soie jaune.

Toile. Haut., 67 cent.; larg., 56 cent.

MIEREVELT

(MICHEL-JEAN)

Delft, 1567-1641

28 — *Portrait d'un Gentilhomme.*

En buste, presque de face, les cheveux courts et rares, la barbe en pointe grisonnante sur la fraise souple; il porte un habit de velours noir et un manteau de fourrure sur les épaules.

Signé à gauche : *M. Mierevelt. A. 1612.*

Bois. Haut., 62 cent.; larg., 50 cent.

(Vente du comte Mniszech.)

MIEREVELT
(MICHEL-JEAN)
(PENDANT DU PRÉCÉDENT)

29 — *Portrait d'une Noble Dame.*

> A mi-corps, de trois quarts à droite, la tête presque de face, coiffée d'un bonnet de dentelle ; elle porte une fraise et un manteau de couleur verdâtre, bordé de fourrure, flottant sur sa robe noire.
> A droite : *A⁰ 1612.*

> Bois. Haut., 62 cent.; larg., 50 cent.

> (*Vente du comte Mniszech.*)

MIEREVELT
(MICHEL-JEAN)

30 — *Portrait d'Homme.*

> Vu à mi-jambes, de trois quarts à droite, une main tenant des gants et appuyée sur une table couverte d'un tapis jaune ; l'autre main touchant une médaille de Saint-Georges, soutenue par une chaine d'or pendant sur son pourpoint noir ; il porte une fraise souple et un manteau de fourrure posé sur les épaules.
> On lit sur le fond : *Ætatis 63.*
> *Anno 1616.*

> Bois. Haut., 1 m. 11 cent.; larg., 83 cent.

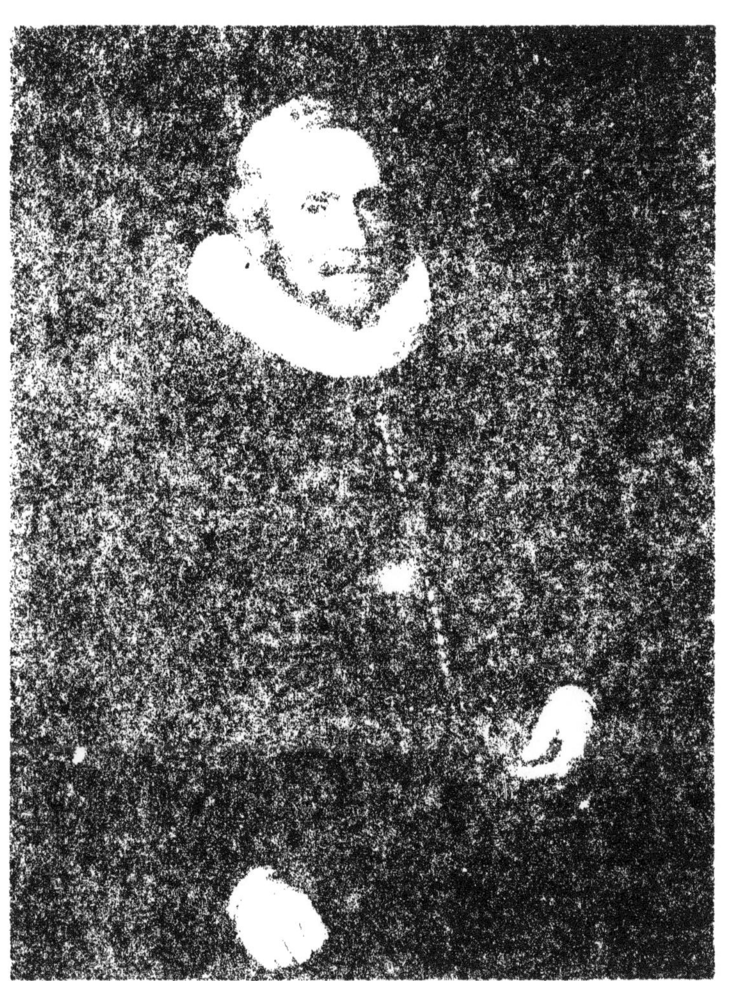

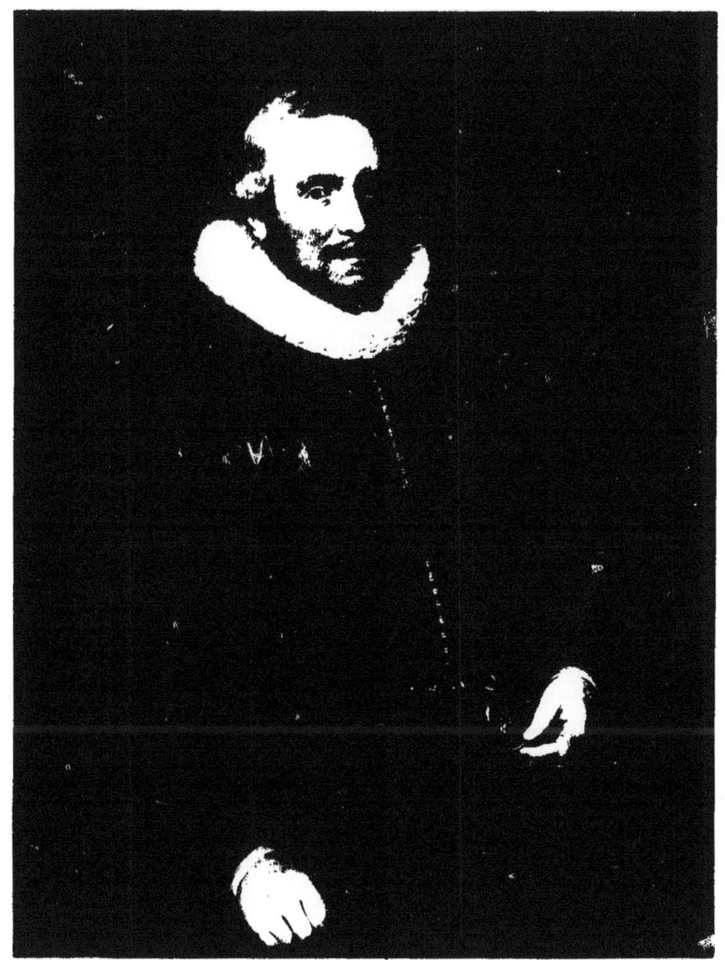

MIEREVELT

(MICHEL-JEAN)

31 — *Portrait du Duc de Richmond.*

Vu à mi-corps, tourné de trois quarts à droite, la barbe et les cheveux grisonnants; il porte 'sur un pourpoint de satin noir le collier de la Toison-d'Or.
Sur le fond : *A° 1630.*

Bois. Haut., 62 cent.; larg., 51 cent.

(Collection de sir H. Inglefield.)

MIEREVELT

(MICHEL-JEAN)

32 — *Portrait d'Homme âgé.*

La tête découverte, les cheveux longs, la barbe blanche ; il est représenté en buste, couvert d'un manteau noir bordé de fourrure.
On lit sur le fond : *Ætatis 80.*
Anno 1624.

Bois. Haut., 63 cent.; larg., 51 cent.

MIERIS

(FRANÇOIS VAN)

Leyde, 1635-1681

33 — *La Femme au chien.*

Debout, à l'entrée d'un palais, les cheveux blonds et bouclés, vêtue d'une robe de satin noir avec écharpe de fourrure; elle porte un petit chien sur un pli de son ample jupe.

Signé et daté : *1672.*

Bois. Haut., 31 cent. ; larg., 25 cent.

(Galerie Massias.)

Gravé par Landon, n° 58.

(Collection J.-J. Fazy de Genève, 1881.)

MOMMERS

(HENRI)

Haarlem, 1623-1697

34 — *Paysage avec figures et animaux.*

Un cavalier s'est arrêté au tournant d'un chemin, un paysan lui verse à boire.

A droite, une femme trait une vache entourée d'un troupeau.

A gauche, une cabane couverte de chaume.

Toile. Haut., 84 cent.; larg., 1 m. 06 cent.

(Collection de sir Ch. Robinson, Londres.)

MOYAERT

(NICOLAS)

Amsterdam, 1630

35 — *Le Repas d'une Famille hollandaise.*

Toile. Haut., 86 cent.; larg., 1 m. 14 cent.

(Collection Raedt Van Oldenbarnevelt, Amsterdam.)

PHILLIP

(JEAN)

Aberdeen, 1817-1867

36 — *Portrait de Jeune Femme.*

En buste, les cheveux bouclés et pendants sur les oreilles; robe blanche décolletée et écharpe bleue drapée sur l'épaule.

Fond de rideau rouge.

Toile. Haut., 63 cent.; larg., 53 cent.

POURBUS

(FRANÇOIS)

Bruges, 1540-1580

37 — *Portrait de l'Archiduchesse Isabelle.*

En corsage noir à devant brodé d'or et d'argent, enrichi de perles, grande collerette de guipure, haute coiffure.

Toile. Haut., 71 cent.; larg., 61 cent.

POURBUS

(FRANÇOIS)

38 — *Portrait d'Homme, en buste.*

Coiffé d'un chapeau noir, la barbe longue, une chaîne d'or sur la poitrine et manteau à revers de fourrure couvrant les épaules.

Bois. Haut., 62 cent.; larg., 48 cent.

PYNACKER
(ADAM)
Pynacker, 1622-1673

ET

BERGHEM
(NICOLAS)
Haarlem, 1624-1683

39 — *Paysage avec ruines.*

Le premier plan, baigné dans l'ombre, est couvert de broussailles et de branches d'arbres. Plus loin, dans une vallée traversée par un cours d'eau, bordé par des massifs d'arbres, un berger et un paysan gardent un troupeau devant une construction rustique.

Toile. Haut., 41 cent.; larg., 47 cent.

(Collection du vicomte de Buisseret. Bruxelles.)
(Collection E. Delbeque. Bruxelles.)

REYNOLDS
(Attribué à sir JOSHUA)

40 — *Jeune Femme, en buste.*

Toile. Haut., 46 cent.; larg., 36 cent.

ROMEYN
(WILLEM)
Haarlem, 1624-1693

41 — *Berger et Animaux dans un site accidenté.*

Gravé par Loewenstamm.

Bois. Haut., 35 cent.; larg., 41 cent.

(Collection Brooks.)
(Collection Max Kann, Paris.)

RUBENS
(École de)

42 — *Bacchanale.*

Toile. Haut., 95 cent.; larg., 1 m. 02 cent.

(Collection Duvergier de Hauranne.)

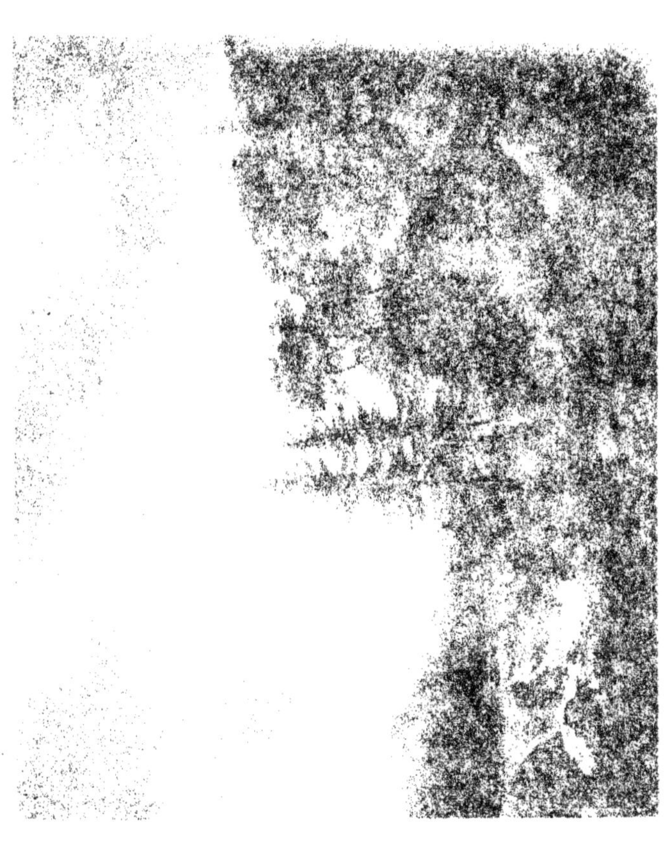

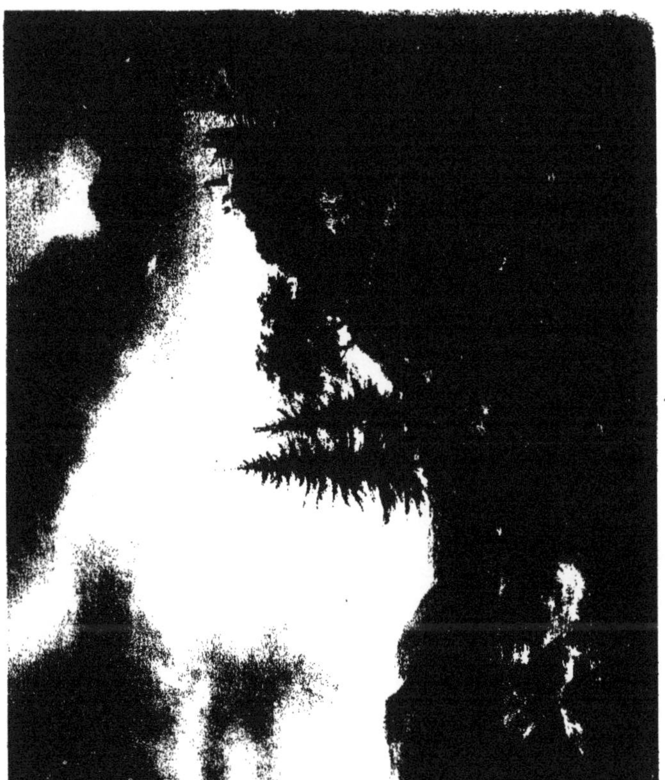

RUISDAEL
(JACOB)
Haarlem, 1628-1682

43 — *Le Torrent.*

> Il coule à gauche entre des rochers.
> Des pins s'élèvent au centre, d'autres ont été brisés par l'orage.
> A droite, un chemin où l'on remarque plusieurs personnages assis ou gravissant une colline boisée que domine un château sous un ciel chargé de nuages.
> Cadre en bois sculpté.

Toile. Haut., 74 cent.; larg., 89 cent.

(Collection Secretan.)

SOOLMAKER
(J.-F.)
Anvers, xviie siècle

44 — *Le Passage du gué.*

Toile. Haut., 41 cent.; larg., 56 cent.

(Vente Weber de Treuenfels, 1867.)
(Collection du vicomte de Buisseret.)

TENIERS
(DAVID)
Anvers, 1610-1690

45 — *Le Fumeur et la Servante.*

Un homme debout, coiffé d'un bonnet rouge, tenant sa pipe à la main se retourne devant une femme qui lui présente un compte.

Bois. Haut., 18 cent.; larg., 16 cent.

TENIERS
(DAVID)

46 — *Intérieur flamand.*

Une vieille femme assise, coiffée d'un bonnet blanc, épluche des légumes qui sont réunis à droite avec des ustensiles de ménage. Plus loin, un homme debout dans l'embrasure d'une porte.

Dans le fond, une servante tirant de l'eau dans un puits.

Bois. Haut., 47 cent.; larg., 62 cent.

TINTORET
(JACOPO ROBUSTI dit LE)
Venise, 1512-1594

47 — *Portrait de Duodo.*

Représenté en armure damasquinée d'or en partie couverte d'un manteau de brocart; il tient d'une main le bâton de commandement et de l'autre la poignée de son épée.

Dans le fond, une marine avec une flotte.

Toile. Haut., 1 m. 14 cent.; larg., 95 cent.

(Collection de lord Clarence Paget.)
(Exposé à l'Académie Royale de Londres, en 1884.)

TINTORET
(JACOPO ROBUSTI dit LE)

48 — *Portrait d'un Gentilhomme vénitien.*

Vu à mi-corps, la barbe et les cheveux bruns, la main droite appuyée sur la poitrine; il est couvert d'un manteau rouge à revers de soie brochée.

Toile. Haut., 70 cent.; larg., 67 cent.

VLIEGER
(SIMON DE)
Rotterdam, 1601-1653

49 — *Mer agitée.*

Des bateaux à voiles voguent sur les flots. A droite, de nombreux personnages debout sur une digue.
Ciel nuageux.

Bois. Haut., 65 cent.; larg., 92 cent.

(Collection Max Kann, Paris.)

WEENIX
(JEAN-BAPTISTE)
Amsterdam, 1621-1660

50 — *Un Buveur.*

Représenté en buste dans un paysage, les cheveux longs et tombant sur un col blanc; vêtu de noir, tenant un verre à la main droite.

Toile. Haut., 74 cent.; larg., 61 cent.

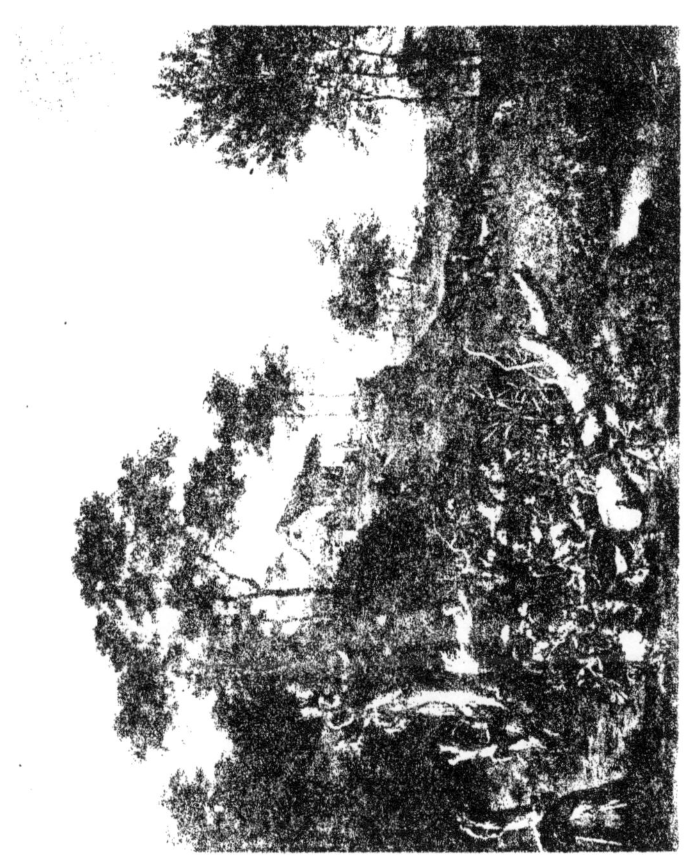

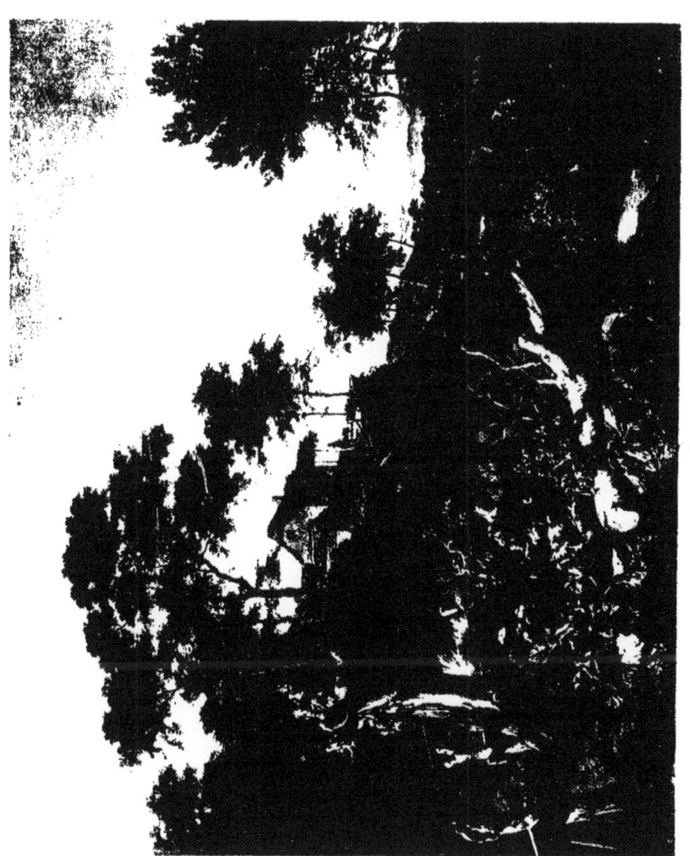

WYATT

(HENRI)

Thickbroom, 1794-1840

51 — *Portrait de miss Greatorex.*

Vue presque de face, à mi-corps, regardant vers la droite; assise et accoudée sur une table, les cheveux bouclés et ornés de fleurs; en robe de velours vert décolletée à larges manches, une fourrure sur les épaules, une chaîne d'or passée autour du cou et pendant sur la poitrine.

Toile. Haut., 90 cent.; larg., 75 cent.

WYNANTS

(JAN)

Haarlem, 1625-1682

52 — *Paysage accidenté.*

Un cavalier, accompagné de ses chiens, s'est arrêté sur un chemin sinueux, demandant sa route à un berger.

Une auberge domine au centre une éminence de terrain, d'où l'on découvre un vaste horizon.

Au premier plan, une palissade, un tronc noueux et un arbre renversé parmi des pavots au bord d'une mare.

Signé à gauche et daté : *1665.*

Cadre en bois sculpté.

Toile. Haut., 85 cent.; larg., 1 m. 02 cent.

(Collection du baron Kœnigswarter, de Vienne.)

ÉCOLE ALLEMANDE

(PENDANT DU SUIVANT)

53 — *Portrait d'une Dame de qualité.*

Représentée debout, tournée de trois quarts vers la gauche, tenant dans ses mains un chapelet.

Une coiffe blanche, enrichie de perles sur broderies d'or, couvre ses cheveux, et sur sa jupe bleue s'ouvre un long manteau broché, garni d'un col et de revers de fourrure.

Elle porte autour du cou un collier enrichi de pierreries et sur la poitrine une image de la Vierge.

Cadre en bois sculpté de style Renaissance.

Bois. Haut., 76 cent.; larg., 49 cent.

(Vente de Mme C. Lelong.)

ÉCOLE ALLEMANDE

(PENDANT DU PRÉCÉDENT)

54 — *Portrait d'un Seigneur.*

Debout, de trois quarts tourné vers la droite, la barbe blanche pendant sur la poitrine; en cuirasse, grand manteau rouge rehaussé d'or et bordé de fourrure.

Sur la poitrine et autour du cou, le même collier et la même image portés par son épouse.

Cadre en bois sculpté de style Renaissance.

Bois. Haut., 76 cent. ; larg., 49 cent.

(Vente de Mme C. Lelong.)

ÉCOLE ANGLAISE
(xviiiᵉ siècle)

55 — *Portrait de Jeune Femme.*

Toile. Haut., 36 cent.; larg., 29 cent.

ÉCOLE FRANÇAISE

56 — *Portrait de Jeune Femme tenant une lettre.*

Cadre en bois sculpté.

Toile. Haut., 59 cent.; larg., 49 cent.

ÉCOLE FLAMANDE
(xviᵉ siècle)

57 — *Un Donataire et son saint patron.*

Fond de paysage.

Bois. Haut., 1 m. 36 cent.; larg., 66 cent.